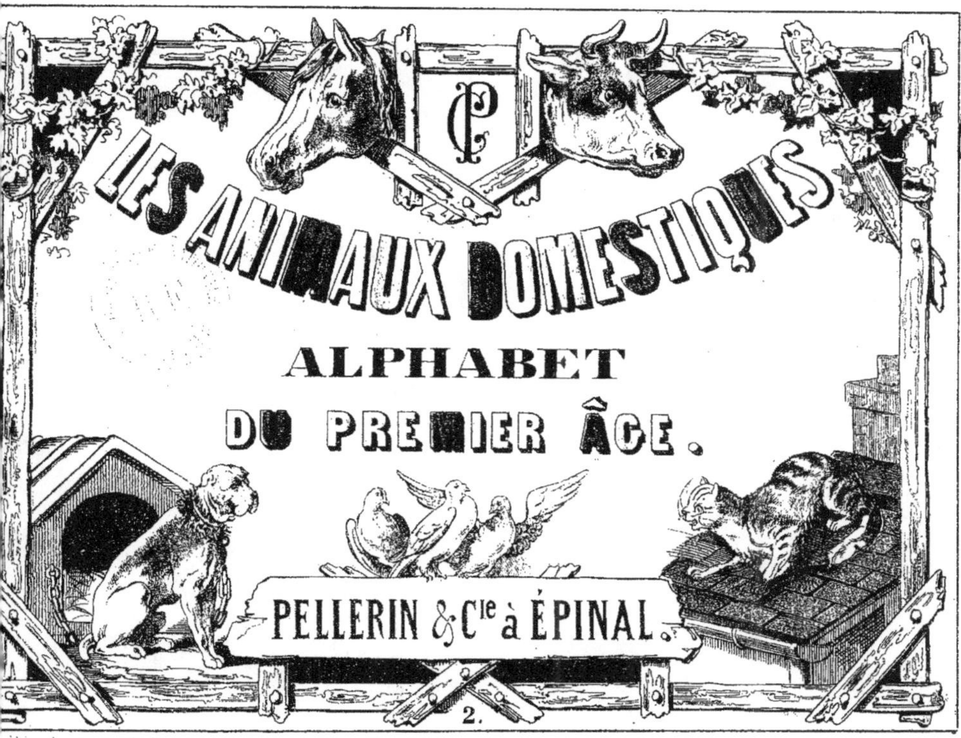
LES ANIMAUX DOMESTIQUES
ALPHABET
DU PREMIER ÂGE.
PELLERIN & Cie à ÉPINAL.
2.

LETTRES MAJUSCULES.

A B C D E F G

H I J K L M N O P

Q R S T U V X Y Z

les Chè-vres.   LES CHÈ-VRES.   les Chè-vres.

LA CHÈVRE

La Chèvre est un ruminant comme le Bœuf et la Vache. — *On l'appelle la Vache du pauvre.*
— A l'état sauvage elle vit en troupeaux, et comme animal domestique elle est répandue dans toutes les parties du monde.
— La Chèvre broute; elle aime à gravir au sommet des côteaux et des montagnes, et on la rencontre dans les endroits les plus escarpés.
— La peau de la Chèvre et du Chevreau servent à faire des souliers et des gants, et de son poil on fait des vêtements très chauds.
— On appelle aussi Cabri le petit de la Chèvre, et l'on dit d'un enfant qui gambade : *qu'il saute comme un Cabri.*

Ba	be	bi	bo	bu
Ca	ce	ci	co	cu
Ka	ke	ki	ko	ku
Da	de	di	do	du
Fa	fe	fi	fo	fu
Pha	phe	phi	pho	phu
Ga	ge	gi	go	gu

LES CRIS DES ANIMAUX.

La Grenouille *coasse*.
Le Grillot *grésillonne*.
L'Hirondelle *gazouille*.
Le Lion *rugit*.
Le Lapin *clapit*.
Le Loup *hurle*.
La Mouche *bourdonne*.
Le Mouton *bêle*.
La Mésange *ramage*.
Le Merle *siffle*.
Le Moineau *pépie*.
L'Oie *criaille*.
L'Ours *gronde*.
Le Perroquet *parle*.

Le Pinson *ramage*.
La Pie *jacasse*, *babille*.
La Poule *caquette*, *glousse*.
Le Poulet *piaule*.
Le Paon *braille*.
La Perdrix *carabe*.
Le Ramier *caracoule*.
Le Renard *glapit*.
Le Rossignol *chante*.
Le Sanglier et la Laie
    grommellent.
La Souris *crie*.
Le Serpent *siffle*.
La Tourterelle *gémit*.

les Bœufs.   LES BŒUFS.   les Bœufs.

LE BŒUF

Le Bœuf est un quadrupède ruminant, à pieds fourchus et à cornes creuses qui se distingue des autres genres de cette famille, tels que :

—Chèvres, Moutons, etc., par un corps trapu, par des membres courts et robustes, par un cou très large et par des cornes qui se courbent en bas et en dehors et dont la pointe revient audessus.

—Il est patient, docile, très fort, et les cultivateurs l'emploient pour les travaux des champs.

—Sa chair qui est très estimée est celle qui est généralement le plus employée dans la consommation.

LES CRIS DES ANIMAUX.

L'Ane *brait*.
L'Aigle *trompette*.
L'Alouette *tirlire*.
Le Bœuf *beugle*.
Le Bufle *mugit*.
Le Canard *nasille*.
Le Cheval *hennit*.
Le Cochon *grogne*.
Le Cerf *brame*.
Le Chien *aboie, jappe*.
Le Chat *miaule*.
La Cigale *craquette*.
Le Pigeon *roucoule*.

La Cigogne *claquette*.
La Colombe *roucoule*.
La Chouette *hue*.
Le Coq *coquerique*.
La Caille *margotte*.
Le Corbeau *croasse*.
La Corneille *corbine*.
Le Crocodile *lamente*.
Le Dindon *glougloute*.
L'Éléphant *souffle, barreye*.
Le Faon *râle*.
Le Geai *cageole*.
Le Taureau *mugit*.

LE CIEL ET LA TERRE.

C'est DIEU qui a créé le CIEL et la TERRE. — La TERRE est un globe sur lequel nous vivons. — Elle est ronde, aplatie vers ses POLES et tourne sur elle-même autour de son AXE.

— On appelle AXE, une ligne qui passe par le centre d'un corps.

— On appelle POLES les deux extrémités de l'axe autour duquel la terre éxécute sa rotation en 24 heures.

— Le CIEL est la partie supérieure du monde qui nous environne de toutes parts, et dans laquelle nous voyons se mouvoir les planètes autour du SOLEIL. — On l'appelle aussi FIRMAMENT.

LES ÉTOILES.

— Les ÉTOILES sont des corps célestes lumineux qui, la nuit, paraissent toujours fixés au même point du CIEL. — Elles ont une grande variété de couleurs.

les Va-ches.   LES VA-CHES.   les Va-ches.

LA VACHE

La Vache est la femelle du Taureau. — Il y a des Vaches rousses, blanches, noires et tachetées.

— Les Vaches vont aux champs pour paître l'herbe.

— Elles sont bonnes laitières. — On les trait pour avoir leur lait. — Avec le lait on fait du beurre et du fromage. Dans les vacheries la Vache est laitière, fromagère ou beurrière.

— Les plus belles Vaches viennent de la Flandre, de la Suisse, de la Bresse et de la Hollande.

— C'est sur le pis de la Vache qu'on récolte le vaccin qui préserve les enfants de la variole.

DIVISION DU TEMPS.

L'*Année* est composée de douze *Mois*, du 1ᵉʳ Janvier au 31 Décembre.

—Les douze mois sont :

Janvier, Février, Mars, Avril, Mai, Juin, Juillet, Août, Septembre, Octobre, Novembre et *Décembre.*

—Les *Mois* sont de 30 et 31 *Jours*, excepté *Février* qui n'a que 28 jours et 29 jours dans les années *bissextiles*, c'est-à-dire tous les quatre ans.

—Les *Jours* se composent de 24 *heures*, de minuit à minuit.

—L'*Heure* contient 60 *Minutes* et la minute 60 *Secondes*.

LES CHIFFRES.

Les **CHIFFRES** sont des caractères dont on se sert pour marquer les nombres.

—Il y a dans la numération deux sortes de chiffres qui sont :

Les chiffres Arabes: 1 2 3 4 5 6 7 8 9 0.
Les chiffres Romains : I II III IV V VI VII VIII IX X.

—C'est sous le règne de CHARLEMAGNE que les Arabes importèrent leurs chiffres en Europe, où on les employa parcequ'ils sont plus commodes.

les Mou-tons.   LES MOU-TONS.   les Mou-tons.

Le Mouton domestique.

On distingue plusieurs races de Moutons dont les plus communes sont le Mouton mérinos et le Mouton ordinaire.

— Le Mouton d'Espagne ou mérinos et les Moutons anglais sont ceux qui produisent les laines les plus fines.

— Le Mouton est un animal très doux, indolent et stupide, qui ne sait ni fuir le danger, ni s'abriter contre les mauvais temps; il est incapable d'aucun attachement, et l'on peut dire de lui que de tous les quadrupèdes il est celui qui a le moins d'instinct.

www.ingramcontent.com/pod-product-compliance
Lightning Source LLC
Chambersburg PA
CBHW061610040426
42450CB00010B/2415